Corinne Vandelet

La véritable histoire de
Blanche, apprentie dans l'atelier de Gutenberg

Bayard Jeunesse

La véritable histoire de Blanche a été écrite par Corinne Vandelet
et illustrée par Sixtine Dano.
Directrice de collection : Pascale Bouchié.

Illustrations : pages 7, 15, 24, 33, 41 et carte du rabat : Nancy Peña ;
pages 8-9 : Laurent Park ; pages 16-17 : Catherine Chion.
Photos : page 42 : Bridgeman Images/Leemage ;
The British Library Board/Leemage ; page 43 : Duvallon/Leemage ; Bayard-jeunesse.com.

La collection « Les Romans-Doc Histoire »
a été conçue en partenariat avec le magazine Images Doc.
Ce mensuel est édité par Bayard Jeunesse.

18, rue Barbès, 92120 Montrouge
ISBN : 979-1-0363-1034-8
Dépôt légal : mars 2020
3e tirage : juillet 2024

Loi n°49-956 du 16 juillet 1949 sur les publications destinées à la jeunesse.
Imprimé en France par SEPEC - 23577240613

CHAPITRE 1

BLANCHE LA REBELLE

À presque dix ans, Blanche l'a déjà décidé : pas question pour elle d'obéir plus tard à un maître, comme son oncle… Alors, régulièrement, elle s'offre un petit moment de liberté.

Après sa toilette, elle sort sans faire de bruit et se faufile à travers les ruelles du quartier jusqu'à la place du marché. Sans un regard aux étals bruyants des commerçants, elle court à la fontaine Sainte-Marie-aux-Marches.

C'est le lieu qu'elle préfère. Là, à l'ombre de la cathédrale, elle récite une prière pour ses parents, puis rêve à un avenir meilleur jusqu'à ce que les cloches se mettent à sonner. C'est le signal qu'il faut rentrer.

Ce matin, assise sur les marches humides de la fontaine, son humeur est à la révolte :

« Oncle Lorentz est grincheux comme un vieil ours, maître Gutenberg est froid comme le givre, tous deux me cantonnent à des tâches ménagères, j'en ai assez ! » Huit heures sonnent, Blanche la rebelle ne sent même pas la pluie tomber sur le chemin du retour.

– Blanche, où es-tu encore passée ? Cette petite me rendra chèvre* ! gronde Lorentz.

Il rapporte du puits à la maison un seau d'eau plein à ras bord.

Lorentz cherche sa nièce, mais il doit partir au plus vite pour l'atelier de Gutenberg. Il y a du pain sur la planche aujourd'hui. Trois nouveaux apprentis ont été embauchés, ce qui porte à quinze le nombre de bouches à nourrir : il va falloir ajouter une botte de poireaux et quelques poignées

Rendre chèvre : faire enrager.

de fèves au potage du jour. Le maître tient à ce que ses employés aient le ventre plein pour maintenir la cadence.

– Blanche ! lance Lorentz une dernière fois.

Il doit lui rappeler les consignes pour bien tenir la maison : laver le pavé avec l'eau du puits, maintenir le feu dans la grande cheminée, surveiller le gruau*, qui doit cuire lentement dans la marmite… Il n'a plus le temps de s'occuper de tout cela : le grand projet du maître a enfin vu le jour, on a besoin de lui à l'atelier, à quelques rues de là.

Blanche a perdu ses parents l'hiver dernier, morts tous deux d'une mauvaise fièvre. Lorentz, le valet de Gutenberg, a dû recueillir sa nièce. Mais cette petite lui cause du souci. D'abord, elle n'en fait qu'à sa tête. Et puis, à son avis, elle a la langue trop bien pendue.

La porte s'ouvre, la voilà qui rentre justement, la cape ruisselante de pluie. Le printemps tarde à s'installer à Mayence**, sur les bords du Rhin. Lorentz s'agace :

– Où étais-tu ? Il y a du travail ici, tu dois…

**Gruau : soupe épaisse aux céréales.*
***Mayence : ville située dans l'actuelle Allemagne.*

(suite page 10)

L'HISTOIRE DE L'ÉCRITURE

Les Sumériens

Ils inventent l'écriture en Mésopotamie, au Moyen-Orient, en 3 500 avant J.-C. On a retrouvé des tablettes d'argile gravées de textes de loi et d'histoires racontant les exploits de leurs rois.

Les Égyptiens

Un peu plus tard, ils écrivent à l'aide d'un ensemble de dessins symboliques, les hiéroglyphes. Ils les gravent au burin dans la pierre de leurs monuments avant de les peindre. Plus tard, ils utilisent des feuilles de papyrus (une plante) sur lesquelles ils écrivent avec des stylets en roseau et de l'encre.

Les Phéniciens, les Grecs et les Romains

Ils inventent des alphabets plus simples. Leurs écritures prennent moins de place que les hiéroglyphes égyptiens. Ils se servent de papyrus en rouleaux, de tablettes d'argile ou de bois, ainsi que de parchemins.

En Europe médiévale

Les moines utilisent surtout le parchemin (peaux d'animaux raclées puis affinées) et la plume d'oie trempée dans l'encre.

Les Chinois

Ils découvrent le papier autour du Ier siècle de notre ère puis, au VIIIe siècle, le tampon en bois (xylographie). Cela leur permet de reproduire les petits dessins, appelés idéogrammes (un dessin par idée), qui sont la base de leur écriture.

les Coréens

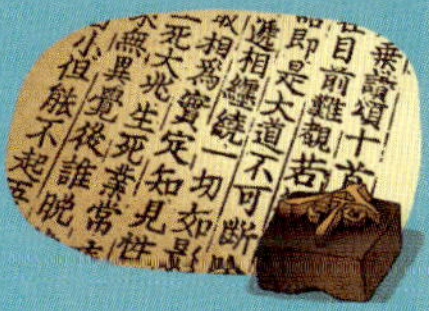

Au XIVe siècle, ils perfectionnent la technique du tampon encreur, mais avec des caractères mobiles en bronze qui s'adaptent mieux à leur alphabet, plus simple que les idéogrammes.

Enfin, **Gutenberg,** au XVe siècle, combine le papier, l'encre, la presse et surtout perfectionne les caractères mobiles en métal réutilisables. Il parvient ainsi à industrialiser l'impression. Ce génial assemblage s'appellera **l'imprimerie.**

L'ATELIER D'ÉCRITURE DES MOINES, LE SCRIPTORIUM

Les moines copistes exercent différents métiers pour recopier les manuscrits anciens à la main.

1. Le chef d'atelier (*armarius*)
distribue le travail, contrôle et corrige chaque copie. Il fait respecter un grand silence dans le scriptorium pour favoriser la concentration des moines.

2. Le copiste (*scriptor*)
recopie soigneusement les livres anciens en grec ou en latin. Il travaille à l'aide d'une plume d'oie qu'il trempe dans un encrier.

3. L'enlumineur (*pictor*)
met en lumière le manuscrit. Il décore les pages de dessins très colorés (plantes, animaux, personnages) et orne les premières lettres de chaque paragraphe (lettrines). La peinture utilisée est à base de pigments naturels.

4. Le traceur (*reglor*)
trace à la règle sur le parchemin des lignes régulières. Celles-ci aideront le scriptor à recopier le texte bien droit.

5. Le relieur (*ligator*)
coud entre elles les pages écrites à l'aide de nerfs de bœuf pour constituer le livre qu'il fixe ensuite dans sa couverture de cuir.

La fillette le coupe :

– Mon oncle, tu me répètes la même chose tous les matins. Et, chaque soir, le travail est fait. Qui peut s'en plaindre ? Pas maître Gutenberg en tout cas, il n'a jamais le temps de me parler…

– Petite insolente, tais-toi donc ! Il faut bien que tu gagnes ton pain.

Accroupie, Blanche astique déjà le sol. Mais l'effort ne lui coupe pas la parole :

– Je m'ennuie seule ici toute la journée. Je pourrais gagner mon pain à l'atelier. Il y a sûrement un travail pour moi là-bas, non ?

– Je te l'ai déjà dit, il y a trop de monde à l'atelier, et puis Gutenberg n'a pas besoin d'une fillette dans les pattes. Il a tant à faire… Écoute, Blanche, il a accepté que tu vives avec moi dans sa maison. Prends-en donc soin.

– Que fait-il du matin au soir ?

– Maître Gutenberg crée de grandes choses que tu ne peux pas comprendre. Et puis cesse de me tourmenter avec tes questions, et frotte mieux que ça, il y a encore des traces de suie près de la cheminée !

Blanche s'exécute en pestant derrière ses boucles rousses. Elle déteste qu'on la prenne pour une sotte ou pour un bébé. De quelles grandes choses s'agit-il ? Elle veut le savoir.

Avant, c'est Lorentz qui s'occupait de la maison de Gutenberg. Tranquillement, à son rythme. Il était toujours de bonne humeur, surtout quand il rentrait de la taverne, un cruchon de bière dans l'estomac. Ah, il a bien changé…

– L'heure tourne, je dois filer, grogne-t-il. Prends ton ouvrage plus à cœur au lieu de rêvasser.

Mais, ce matin-là, Blanche est déterminée à trouver le chemin de l'atelier pour voir ce que le maître y fabrique.

CHAPITRE 2

PAGAILLE DANS L'ATELIER

Quelques heures plus tard, en longeant les bords du Rhin, Blanche s'aventure près de l'enceinte de la ville. L'atelier est peut-être dans les parages…

Les mirabelliers sont en fleur, un doux parfum printanier embaume l'air.

Au pied d'un arbre, à deux pas du fleuve, une boule de poils roux gigote. Intriguée, la fillette s'approche et découvre un chaton maigrelet, trempé jusqu'aux os. Elle s'en saisit sans peine. Peut-être a-t-il failli se noyer — à moins qu'on ait voulu s'en débarrasser. Blanche l'adopte immédiatement.

De retour dans la ville, elle serre tendrement Katzie dans ses bras. C'est le nom qu'elle vient de lui choisir.

Soudain, une grosse voix retentit :

– Écarte-toi, petite, ou tu risques de passer sous les roues de ma charrette !

C'est Hans le tanneur, qui remonte de la rive du fleuve. Blanche laisse passer la précieuse cargaison. Il s'agit de feuilles de vélin* empilées les unes sur les autres, aussi minces que des pelures d'oignon et aussi blanches que… la peau de Blanche.

– Le sieur Gutenberg attend sa livraison, ajoute-t-il, je dois me hâter.

Des peaux de veau ? Mais pour quoi faire ? Blanche se met à courir derrière la charrette. C'est l'occasion rêvée de savoir enfin où se trouve l'atelier et ce qui se trame là-bas… Un imposant bâtiment apparaît bientôt, au détour d'une placette déserte. Essoufflée, Katzie dans les

**Vélin : peau de veau très fine assouplie par le tanneur et plus mince que le parchemin.*

(suite page 16)

L'EUROPE AU XVe SIÈCLE

Les grands royaumes

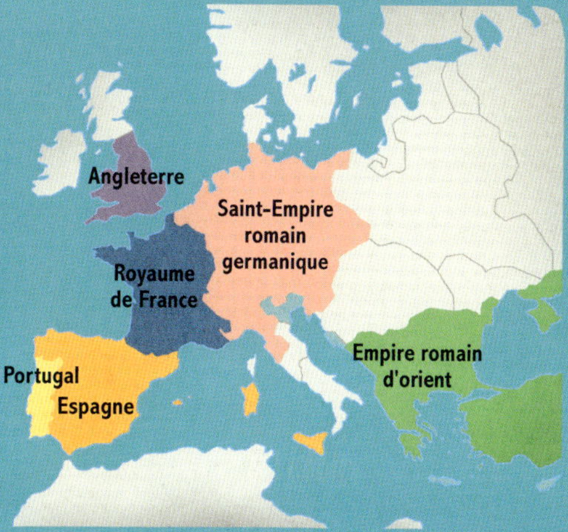

En France, Charles VII a gagné, en 1453, avec l'aide de Jeanne d'Arc, la guerre de Cent Ans qui opposait les rois de France aux rois d'**Angleterre**. Tous les territoires sont récupérés, sauf la ville de Calais, au nord du pays. Louis XI lui succède à partir de 1461 et, par un habile jeu d'alliances, agrandit et fortifie le **royaume de France**.

• À l'est du Rhin, de petits royaumes constituent un ensemble d'États florissants, regroupés sous la bannière du **Saint-Empire romain germanique**.

• L'**Espagne**, qui achève sa reconquête sur les possessions musulmanes, et le **Portugal** vont entamer leur Siècle d'or avec les grandes découvertes : l'Amérique par Christophe Colomb, le tour du monde par Magellan…

• La conquête de Constantinople par les Turcs en 1453 marque la fin de l'**Empire romain d'Orient**. Les savants byzantins fuient alors vers Venise. Leur savoir (humanisme, littérature antique, etc.) se diffusera grâce aux publications imprimées.

Les grandes villes et le commerce

Dans le centre de l'Europe, où vit Gutenberg, les villes comme Strasbourg, Mayence, Troyes, Reims, Milan, Lyon, grandissent avec la fin de la féodalité. Le commerce entre elles s'intensifie par l'intermédiaire de foires annuelles qui attirent marchands et voyageurs. L'invention de la banque par les Lombards, au nord de l'Italie, favorise le développement des échanges commerciaux et l'essor de l'artisanat. Ainsi, Piccolomini, le futur pape Pie II, découvre à Francfort la Bible imprimée par Gutenberg et répend cette nouvelle extraordinaire en Italie.

bras, Blanche se cache sur un côté de la bâtisse, percée de fenêtres à carreaux colorés. De là, en se hissant sur la pointe des pieds, elle peut voir l'intérieur.

– Regarde, Katzie, ces grosses machines, on dirait les pressoirs à vin de l'abbaye. Ce n'est pourtant pas la saison des vendanges.

Pas de raisins aux alentours, mais de larges pages noircies de signes pendent à un cordon, comme du linge qui sèche. Les ouvriers sont concentrés sur leur ouvrage, certains assis devant de drôles de tables à casiers, d'autres debout devant les « pressoirs » et des piles de feuilles

posées à même le sol, semblables à celles apportées par Hans le tanneur. Au milieu de la grande pièce, Gutenberg examine un feuillet avec attention.

Soudain, Katzie bondit comme si une mouche l'avait piqué. Il quitte le rebord de fenêtre, saute dans une flaque de boue et se glisse par un trou dans l'atelier. Blanche n'ose pas l'appeler, de peur d'être repérée, mais elle entend soudain maître Gutenberg hurler :

– Sacrebleu, où est ce matou, que je l'égorge !

Elle vole au secours de son nouveau compagnon et se retrouve à l'intérieur, nez à nez avec le maître :

– C'est toi, petite sotte, qui as fait rentrer cette sale bête ?

– Il m'a échappé des mains, pardonnez-moi, je viens le reprendre.

Blanche bredouille, elle ne manque pas de courage, mais la colère de Gutenberg l'impressionne.

– Anton, règle cette affaire, veux-tu ? J'ai… d'autres chats à fouetter, se radoucit-il, en tournant les talons.

Un garçon d'une douzaine d'années, efflanqué comme un renard*, s'approche. Il montre le tas de feuilles posées à terre.

– Regarde ces traces. Noir sur blanc. Ton chat a les pattes sales, dis donc, mais ça laisse une belle empreinte, s'amuse-t-il, d'un geste mettant un peu d'ordre dans ses cheveux blonds en broussaille.

Blanche semble avoir perdu sa langue. C'est bien la première fois !

Anton la console :

– Ne t'en fais pas, le maître s'emporte vite mais il n'est pas méchant. Allez, je ne serais pas étonné que ton ami à moustache se soit planqué du côté de la cuisine. Tiens,

**Efflanqué comme un renard : maigre.*

les traces y mènent tout droit, on dirait. Bon, moi, je dois nettoyer ses dégâts. Salut.

Les empreintes de Katzie disparaissent sous l'égouttoir à écuelles*. Blanche se penche sous le meuble mais n'y voit pas le chaton. Lorentz s'apprête à servir le repas aux ouvriers sur la grande table du fond. Dérangé par ce remue-ménage, il lui crie, excédé :

– Je t'avais défendu de venir ici !

– Oncle Lorentz, tout est rangé et nettoyé à la maison, répond-elle effrontément.

« Décidément, cette gamine a réponse à tout », peste-t-il. Il ajoute :

– Rentre à la maison ! Après mon service, je mettrai la nourriture à l'abri dans le coffre et je fermerai la cuisine. Ce chat finira bien par se montrer. Allez, ouste, dehors !

**Écuelle : assiette en bois ou en terre cuite.*

CHAPITRE 3

LA MANGEUSE DE PAPIER

Blanche ne trouve pas le sommeil. Elle regarde les étoiles par la lucarne de sa chambre, une pièce sous les toits, la plus haute de la maison. Elle revit les évènements de cette journée et pense à ce pauvre Katzie tout seul là-bas, dans la cuisine de l'atelier.

Lorentz ronfle comme un gros ours dans la pièce en dessous. Comme à l'accoutumée, Johannes Gutenberg, jamais en repos, fait les cent pas dans la grande salle du bas.

(suite page 23)

L'ÉCOLE AU TEMPS DE GUTENBERG

Dans les monastères et les églises

Au temps de Gutenberg, l'instruction est réservée à une minorité de garçons et de rares filles. L'immense majorité reste de petits paysans illettrés. Depuis l'an 529, les papes exigent que chaque curé éduque quatre ou cinq élèves. L'empereur Charlemagne, en 789, encourage lui aussi la création d'écoles. Les moines enseignent dans les monastères. La plupart des élèves deviennent ensuite des religieux eux aussi. Les autres, dès l'âge de douze ans, parfois plus tôt, démarrent un apprentissage chez un artisan ou un commerçant.

En ville et dans les bourgs

Il existe partout de petites écoles où des maîtres non religieux donnent des cours. Ils sont principalement payés au moyen d'offrandes en nature, données par les parents d'élèves (œufs, légumes, céréales, volailles…).

Le matériel

Les élèves apprennent avec un matériel très rudimentaire : leurs doigts pour compter, une petite tablette recouverte de cire avec un stylet en métal pour écrire, ou même une écorce de bouleau en guise de feuille. Certaines églises ont des abécédaires gravés dans la pierre de leurs murs.

Le programme

L'essentiel de l'apprentissage consiste à mémoriser l'alphabet, retenir les principales prières en latin, compter, chanter et connaître les fêtes du calendrier chrétien. Les fêtes, nombreuses, sont autant d'occasions de ne pas aller à l'école. Les élèves les plus doués et les plus riches fréquentent plus tard les premiers collèges et les universités.

Très peu de filles bénéficient des bienfaits de l'école. La plupart des enfants, garçons comme filles, aident leurs parents aux champs ou dans leurs échoppes d'artisans. Soit pendant les temps de repos scolaires (l'été, à Noël, à Pâques…), soit toute l'année quand ils ne vont pas à l'école.

Ce qu'elle a vu aujourd'hui lui donne envie de comprendre ce que le maître prépare.

Sa mère disait toujours : « Cette enfant est curieuse comme une belette. On ne peut rien lui cacher. » Blanche s'endort enfin, apaisée au souvenir de ces paroles.

Le matin suivant, Gutenberg n'est pas encore parti quand elle descend de son perchoir.

– Blanche, lui dit-il, je suis satisfait de ton service, la maison est propre, le dîner toujours chaud. Tu as de l'énergie à revendre et pas mal de volonté, m'a dit Lorentz. Puisque maintenant tu connais le chemin de l'atelier, poursuit-il avec un brin de malice, tu pourrais venir aider ton oncle à l'heure du repas.

– Entendu, maître.

– Mais tiens ton chat à distance, il a semé assez de désordre hier.

– Oui, maître.

Le midi, Blanche travaille dur à la cuisine aux côtés de Lorentz sans pouvoir jeter un œil aux activités des ouvriers. Anton lui a tout de même adressé un signe de loin. Katzie, en revanche, n'a toujours pas reparu.

(suite page 26)

1
2
3
6
7

L'ATELIER DE GUTENBERG

En réunissant tous ces procédés artisanaux, Gutenberg a inventé une industrie : l'imprimerie moderne.

1. La casse est composée de petites cases où sont rangées les lettres (ou caractères) mobiles en métal.

2. Sur **la réglette** le compositeur assemble les lettres d'une ligne de texte. Il dépose ensuite les lignes les unes au-dessus des autres dans un cadre en bois qui formera la page à imprimer.

3. La balle à encrer, du crin serré dans une enveloppe de cuir, sert à répartir l'encre sur les caractères alignés dans les cadres.

4. La forme regroupe plusieurs cadres, sur lesquels on pose la feuille de papier vierge. La forme glisse ensuite sur une plaque de marbre bien lisse pour être calée sous la presse.

5. La presse est à l'origine des mots « impression » et « imprimerie ». En tournant la vis, l'ouvrier fait descendre un plateau de bois qui répartit la pression sur la forme, collant ainsi l'encre sur la feuille.

6. Les feuilles de papier et de vélin, fraîchement imprimées, sèchent sur un fil. Les feuilles de vélin (peau de veau) serviront aux exemplaires de la Bible les plus luxueux.

7. Le visorium est un pupitre sur lequel se trouve la copie du texte à composer.

Quant à Gutenberg, il va d'un poste de travail à l'autre et donne à chacun des instructions. Puis il disparaît dans une petite pièce avec un monsieur richement vêtu.

À la fin du service, Blanche observe discrètement ce qui se passe. C'est bien plus intéressant que les travaux ménagers. Anton est en train d'empiler avec précaution des feuillets sur une table.

Blanche lui demande :

– Qu'est-ce que c'est ?

– De belles pages, non ? répond Anton. Parfaitement imprimées, tu ne trouves pas ? Mais ce n'est pas fini, il faut encore les coudre ensemble en cahier, puis en livre.

Elle s'étonne :

– Imprimées ? Des livres ?

– Des livres, oui ! Mais pas n'importe lesquels ! C'est LE livre sacré qui sort de ces presses : la Bible, en cent quatre-vingts exemplaires. Une partie sur vélin, le reste sur papier. Du jamais vu ! Incroyable, non ?

Blanche ne sait plus trop quoi dire :

– C'est beau, ça brille…

– Ah oui, une encre noire brillante et qui ne bave pas.

C'est un des secrets de fabrication de maître Gutenberg. Sa signature, en quelque sorte.

– Comme les traces de Katzie sur la page blanche d'hier ?

Il rit :

– Un peu, oui. Mais là, pas question de marquer au hasard. C'est tout l'art de l'impression. Je t'expliquerai.

Blanche est gagnée par l'enthousiasme de l'apprenti. Elle sait ce qu'est la Bible, même si elle n'en a jamais vu. Le curé de l'église Saint-Christophe en conte des passages à la messe, le dimanche. Sa maman aussi lui en racontait des

extraits le soir au coucher. Elle sait également qu'il existe des livres dans certaines riches demeures. Maître Gutenberg en possède sûrement, rangés dans un coffre de sa chambre, où elle n'a pas le droit d'entrer… Elle touche du bout des doigts les lettres noires légèrement en relief sur le papier. Comme elle aimerait savoir lire !

– Regarde qui va là ! s'écrie Anton.

– Katzie, tu te montres enfin, vilain matou ? Mais que tiens-tu dans la gueule ?

– Une souris, il a attrapé une souris ! clame Anton à ses compagnons d'atelier.

Tous ont les yeux rivés sur Katzie qui parade fièrement avec son butin. Gutenberg, attiré par le bruit, sort précipitamment de la pièce où il s'entretenait avec son visiteur. Il comprend tout de suite l'affaire et s'exclame :

– À la bonne heure ! Cette brave bête a débusqué une mangeuse de papier.

Se tournant vers Blanche, il ajoute :

– Ton chat aussi est le bienvenu parmi nous.

Blanche n'en croit pas ses oreilles. Elle et Katzie ont vraiment gagné leur laissez-passer pour l'atelier !

– Eh bien, petite curieuse, puisque te voici dans nos pattes, grommelle Lorentz en sortant de la cuisine, rends-toi utile, viens donc laver les gobelets !

Blanche obéit à son gros ours d'oncle, mais le cœur léger cette fois.

CHAPITRE 4

EN CACHETTE

Ce dimanche-là, à la sortie de la messe, Blanche fausse compagnie à Lorentz devant l'échoppe du boucher. Elle se faufile dans la foule venue se ravitailler au marché. Katzie dans les bras, elle se dépêche, car Anton l'attend devant l'atelier. Lorentz va être furieux, mais elle s'en fiche.

Gutenberg est sorti de bon matin, son éternel manteau de drap noir sur les épaules, en disant qu'il avait à faire du côté du monastère. La voie est libre et Anton a les clés.

Comme c'est grisant de se retrouver en cachette ! Les voici dans l'atelier silencieux. Seule résonne la voix d'Anton. Il raconte son histoire à Blanche tandis que Katzie se frotte contre leurs jambes en ronronnant.

– Mes parents sont trop pauvres pour me nourrir. Au monastère, je faisais de petites corvées pour les moines contre une écuelle de soupe. Là-bas, frère Albert copie la Bible à la main. J'aimais bien le regarder travailler. C'est grâce à lui que je connais les lettres, je sais même un peu lire.

Blanche boit les paroles d'Anton, elle le trouve très intelligent. Katzie dort maintenant, étalé de tout son long dans un rayon de soleil qui chauffe le plancher.

Le garçon poursuit :

– Un jour, frère Albert m'a emmené dans l'atelier de Gutenberg pour que j'apprenne le métier d'imprimeur. Il se doutait que je ne deviendrais pas moine ! Sais-tu, Blanche, qu'il faut trois ans de labeur à frère Albert pour achever une seule Bible ? Maître Gutenberg en produira cent quatre-vingts en à peine deux ans !

En parlant, Anton guide Blanche dans l'atelier. Il y a la forge, la presse, l'encrier, le papier… La fillette comprend

(suite page 34)

L'IMPRIMERIE : UNE RÉVOLUTION

... en nombre

Au début de l'imprimerie, très peu de gens savent lire. Mais les ateliers d'impression se répandent très vite dans toute l'Europe. En l'an 1500, 15 à 20 millions de livres sont déjà en circulation ! Les imprimés coûtant moins cher que les manuscrits, le prix des livres baisse. Leur multiplication encourage l'apprentissage de la lecture. Du coup, le nombre de lecteurs augmente fortement.

... en langues

Avant Gutenberg, c'est le latin qui est la langue de l'écrit en Europe. Petit à petit, les imprimeurs traduisent la Bible et publient des ouvrages hors du domaine religieux. Romans, poésie, manuels d'astrologie, de mathématiques, de médecine, de géographie, d'histoire... sont imprimés dans la langue de chaque pays à l'intention des nobles et des bourgeois. Cela favorise finalement la naissance des nations.

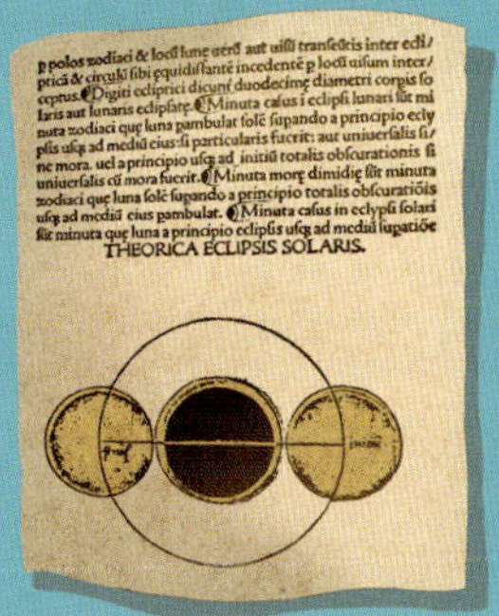

... en savoirs

Avec la lecture, le niveau d'instruction s'élève, l'ignorance recule. Certains peuvent lire la Bible tout seuls chez eux, sans les commentaires du prêtre. Une partie du peuple se met ainsi à réfléchir et à critiquer. C'est alors qu'apparaissent les « protestants » et leur nouvelle religion dans la région de Gutenberg. Les lecteurs découvrent aussi les textes de l'Antiquité, qui leur ouvrent de nouveaux horizons. Philosophie, sciences, découvertes deviennent de nouveaux sujets d'intérêt et de discussion.

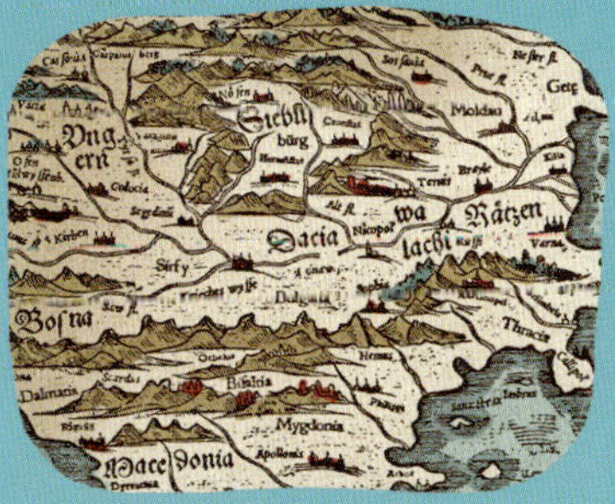

... en géographie

Explorateurs et navigateurs rapportent de leurs lointains voyages de nouvelles connaissances et informations. L'imprimerie va permettre de diffuser leurs récits d'aventure, ainsi que des cartes du monde de plus en plus précises. C'est le début des grandes expéditions, comme la découverte du Nouveau Monde, l'Amérique, par Christophe Colomb.

mieux comment on façonne un livre. Mais c'est surtout un tiroir en bois qui attire son attention. Dedans sont rangés de petits rectangles de métal. Elle en prend un au hasard et remarque un signe en relief sur un des côtés.

– Ce tiroir s'appelle la « casse », explique Anton. Les petits rectangles, ce sont les lettres. On les appelle aussi des « caractères ». Regarde !

Dans la casse, il pioche une à une des lettres qu'il place la tête en bas dans une réglette en bois. Un grand B majuscule, puis un petit l, un a, un n, un c, un h et un e.

– On les assemble comme on veut, tu vois. Ce sont des caractères indépendants et mobiles. Voilà la grande invention de Gutenberg !

Il saisit une balle de cuir en forme de champignon, la trempe dans l'encre épaisse puis en enduit les lettres bien serrées. Il prend le bras de Blanche, lui lève sa manche jusqu'au coude, retourne la réglette puis l'applique sur sa peau en pressant très fort.

– Et voilà le travail ! dit-il fièrement en retirant d'un coup la réglette.

Les sept lettres apparaissent, la tête en haut cette fois.

Blanche

– C'est magique, souffle Blanche, impressionnée.

Il l'aide à déchiffrer son prénom sur son bras.

– Anton, si je savais lire, je pourrais avoir une Bible chez moi ?

– Oui, sans doute.

– Je pourrais y retrouver mes histoires préférées. L'arche de Noé, Jonas et la baleine… Ce sont celles que ma mère me racontait le soir.

– Moi aussi je les aime bien, celles-là.

– On pourrait même inventer plein d'autres histoires et en faire des livres. Plein de nouveaux livres. C'est fantastique !

– Oui, peut-être.

– Pas peut-être, c'est sûr. Oh, Anton, Gutenberg est un génie !

Gutenberg a tout observé par la fenêtre, car ses pas l'ont ramené à l'atelier, comme par habitude. Ses longues années de recherche secrète l'ont rendu solitaire et souvent indifférent aux autres. Mais la scène des enfants et du chat endormi l'attendrit. Il pousse doucement la porte. Katzie dresse l'oreille aussitôt et donne l'alerte en s'enfuyant.

Anton bafouille, les yeux baissés :

– Pardon, maître, c'est ma faute…

Blanche cache son bras derrière le dos, mais soutient le regard de Gutenberg avec hardiesse. Ils risquent pourtant d'être punis…

Le maître annonce alors aux enfants abasourdis :

– Il reste quelques exemplaires de la Bible à imprimer. Anton, dès demain, tu manieras la balle à encrer. Un jour, c'est la presse que tu conduiras si tu apprends bien le métier. Et toi, Blanche, poursuit-il, avant de composer les lignes des pages, il te faut apprendre à lire. Première leçon dès ce soir. Je te préviens, je suis un maître exigeant. Mais avant l'effort, le réconfort, allons dîner. C'est dimanche, Lorentz a dû préparer ses excellentes galettes de froment !

CHAPITRE 5

L'HÉRITAGE

Blanche déchiffre la plupart des syllabes grâce aux petits caractères mobiles que Gutenberg lui fait déplacer sur une réglette en fonction des mots qu'il lui apprend. Il l'a félicitée l'autre soir. Elle a rougi de plaisir, et Lorentz a lancé, tout fier :

– Eh oui, maître, ma nièce est un petit génie !

Blanche trouve que son oncle a un sacré culot, mais elle se tait. Puisque ce gros ours s'est changé en agneau, autant en profiter… À l'atelier, il ne la houspille plus, il l'envoie même seconder Anton.

Blanche connaît chaque ouvrier : elle regarde souvent travailler Peter, le plus habile des compositeurs. Il aligne les lettres dans sa réglette à une vitesse incroyable. À l'envers pour que le texte s'imprime à l'endroit. Anton encourage son amie :

– Un jour, tu y arriveras toi aussi.

– Je l'espère, mais je dois savoir lire parfaitement pour composer aussi vite que Peter.

Peter, concentré, ne relève même pas la tête, mais Blanche le voit sourire, les yeux rivés sur la casse. Elle s'approche alors d'Anton et lui souffle à l'oreille :

– Et toi, mon cher Anton, tu seras bientôt assez costaud pour manier la presse. Et tu deviendras le plus grand des imprimeurs !

Un matin, tandis que les dernières pages imprimées de la dernière Bible sèchent, les ouvriers rangent et nettoient leurs instruments.

M. Fust, le visiteur richement vêtu, s'adresse à Gutenberg :

(suite page 44)

LA VIE DE GUTENBERG, EN BREF

Premiers pas

Johannes Gutenberg naît vers 1400 à Mayence, au cœur du Saint-Empire romain germanique. Son père, un riche négociant en draps, a dû l'envoyer à l'école et sans doute à l'université. Mais nous ne savons que très peu de chose sur son enfance et sa vie privée.

Travaux préparatoires

En 1428, il quitte Mayence à la suite d'une révolte des artisans. On ne retrouve sa trace qu'en 1434, à Strasbourg. Très doué dans l'art du métal, il invente des outils pour polir des pierres précieuses et fabriquer des miroirs. Mais il a un autre projet en tête…

Secret de fabrication

Dans les années 1440, Gutenberg travaille secrètement au fond de son atelier. Il s'inspire de choses existantes : la presse des vignerons, l'encre des moines copistes, le papier, le travail du métal… Et conçoit sa véritable innovation : les caractères mobiles métalliques moulés. En améliorant et en assemblant tous ces procédés, il invente l'imprimerie moderne.

Une invention géniale

Vers 1450, revenu à Mayence, Gutenberg se lance dans l'impression d'une Bible, le livre le plus lu à l'époque. Il s'associe alors au banquier Fust, qui lui prête l'argent nécessaire. Le tout premier livre imprimé en Occident est un chef-d'œuvre, mais il ne rapportera pas le moindre sou à son créateur.

Un succès posthume

Gutenberg ne peut pas rembourser sa dette. Fust lui fait un procès. Condamné, privé de son imprimerie, l'inventeur continue cependant à publier de petits ouvrages avec un matériel plus modeste. L'évêque de Mayence lui ayant accordé une retraite, il finit sa vie dignement en 1468. Mais il n'aura pas eu le temps de mesurer l'importance de son invention.

LE LIVRE DU MOYEN ÂGE À NOS JOURS

Au fil du temps, le livre a toujours su se renouveler.

1

2

1. Un manuscrit au Moyen Âge

Avant l'imprimerie, le livre est écrit à la main. La grande lettre initiale finement décorée est une lettrine. L'image peinte à la main, appelée miniature, représente ici l'armement d'un chevalier. L'art qui consiste à décorer ainsi les livres manuscrits s'appelle l'enluminure.

2. Un livre imprimé au XVe siècle

Voici une page de la Bible de Gutenberg, le tout premier livre imprimé en Occident vers 1450. Le texte en latin et en lettres gothiques est écrit sur deux colonnes, un peu comme dans un journal. Les illustrations sont toujours peintes à la main après le séchage de l'encre du texte.

3

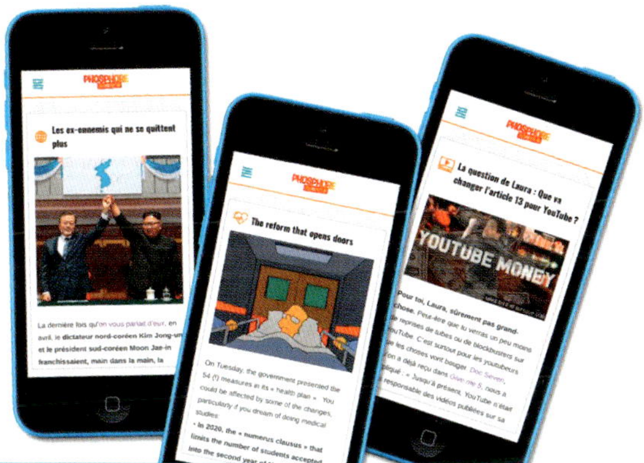

4

3. Un abécédaire au XIXe siècle

Dans un abécédaire, chaque lettre est illustrée par un mot et une gravure. Publiés pour l'apprentissage de la lecture, ces abécédaires colorés apportent aussi un enseignement moral.
Les impressions se font en grande série, l'imprimerie est devenue une véritable industrie mécanisée.

4. Un livre électronique

En 2001, apparaissent les livres électroniques et applications sur smartphone. On tourne les pages en passant son doigt sur un écran tactile. On peut, par exemple, obtenir des informations supplémentaires en cliquant sur certains mots. Le lecteur peut parfois changer le cours d'un récit numérique en fonction des options proposées. La tablette peut garder en mémoire l'équivalent d'une bibliothèque entière.

– Je ne peux pas croire que cette entreprise ne nous ait rien rapporté. Toutes les Bibles ont pourtant été vendues. C'est un succès !

– C'est exact, lui répond Gutenberg, mais nous avons commencé par le livre le plus compliqué. Composer chaque page a coûté très cher, plus que je ne l'imaginais. Avec l'encre, le papier, les machines, les ouvriers qu'il a fallu recruter et former…

Fust réplique :

– Je vous ai prêté l'argent nécessaire pour réaliser ce

chef-d'œuvre, rendez-le-moi !

– Je voudrais bien, mais cette aventure n'a pas été rentable. Personne ne pouvait le savoir, parce que jamais on n'avait tenté un tel défi. Pourtant, avec ma quinzaine d'imprimeurs, nous avons fait l'équivalent du travail de deux cent soixante-dix moines durant deux ans ! Un nouveau métier est né, monsieur Fust, en partie grâce à vous. Mais je suis désolé, je ne peux point vous rembourser.

M. Fust tâche de se maîtriser malgré sa colère :

– Eh bien, Gutenberg, je porte plainte contre vous, nous nous retrouverons au tribunal !

Il sort avec fracas en marchant sur la queue de Katzie. Blanche, indignée, récupère son chat. Elle n'a pas perdu une miette de la dispute et sait au fond d'elle-même que le maître a raison. L'imprimerie a un bel avenir, c'est sûr. Mais, pour l'heure, c'est l'avenir de Gutenberg qui l'inquiète.

Deux ans plus tard, dépossédé de son atelier à la suite du procès, Gutenberg a réussi à survivre. Grâce à un petit matériel d'impression qu'il avait conservé chez lui, il a répondu à des commandes plus simples, comme des manuels pour étudiants, des documents juridiques ou des calendriers. Les deux enfants sont restés à son service.

Désormais, Gutenberg est vieux, et les enfants ont l'âge de voler de leurs propres ailes. Le départ a lieu le jour de la Saint-Marc. Katzie se pourlèche déjà la moustache quand Blanche enfourne dans sa besace le délicieux pâté de carpe dont Lorentz a le secret.

Anton glisse dans la sienne la fameuse recette de l'encre, imprimée la veille par le maître. Il hisse sur son dos la casse, bien emballée, que Gutenberg leur a offerte en guise de cadeau d'adieu. La route sera longue jusqu'à Strasbourg, mais un ancien apprenti les attend dans un tout nouvel atelier.

– Dieu a eu la bonté de vous mettre sur mon chemin, leur confie Gutenberg sur le pas de la porte. Grâce à vous, mon travail n'a pas été vain. L'imprimerie va se répandre, les livres se multiplier. Je peux mourir tranquille… Adieu, mes chers enfants !

Blanche écrase une larme sur sa joue, Anton baisse la tête tristement, et Lorentz s'agite en tous sens pour ne pas pleurer. Le chat sur l'épaule, Anton attrape la main de Blanche et, sans se retourner, tous trois rejoignent le chemin de halage des bords du Rhin. La relève est assurée. Une nouvelle aventure commence déjà.